CONTAINER&PREFAB GUIDE
VERSATILITY, MOBILITY AND RESISTANCE

© 2022 Instituto Monsa de ediciones.

First edition in December 2022 by Monsa Publications,
Carrer Gravina 43 (08930) Sant Adrià de Besós.
Barcelona (Spain)
T +34 93 381 00 50
www.monsa.com monsa@monsa.com

Editor and Project director Anna Minguet
Art director, layout and cover design Eva Minguet
(Monsa Publications)
Printed by Grupo Gómez Aparicio

Shop online:
www.monsashop.com

Follow us!
Instagram: @monsapublications

ISBN: 978-84-17557-58-4
B. 19588-2022

CONTAINER&PREFAB GUIDE

VERSATILITY, MOBILITY AND RESISTANCE

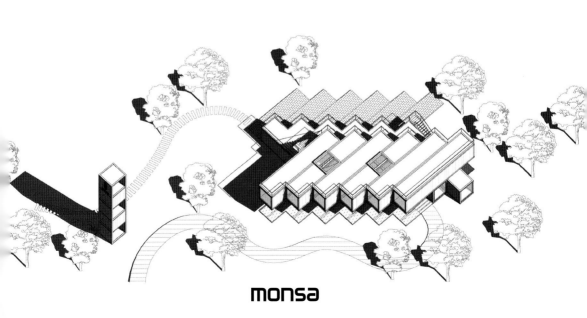

monsa

INTRO

The latest trend in architecture is to try to find a balance between construction and well-being, applying renewable energies and seeking low costs, without renouncing comfort.

The construction of houses from containers or prefabricated modules is the basis of creative reuse architecture, which is an innovative and efficient alternative to traditional construction when choosing a home, thanks to its versatility and ability to be adapted to the space needs of each person, by expanding or reducing modules, mobility and ease of transportation to new areas, and reduced construction times.

It is a great option for sustainable, economical and durable living.

This book includes 14 selected projects, all developed at a graphic level, with images of the exterior and interior, plans, elevations, sections, construction details and a brief report specifying the most unique aspects of the project.

La nueva tendencia en arquitectura es procurar encontrar el equilibrio entre construcción y bienestar, aplicando las energías renovables, y buscando el bajo coste, sin renunciar al confort.

Las construcciones de casas realizadas con contenedores o módulos prefabricados son la base de la arquitectura de la reutilización creativa, una propuesta innovadora y eficiente al momento de elegir una vivienda con respecto a la construcción tradicional, por su versatilidad al poder adaptarse fácilmente a las necesidades de espacio de cada persona, ampliando o disminuyendo módulos, por su movilidad, facilidad de ser transportadas a una nueva zona, y por su tiempo mucho más rápido de construcción.

Son una gran opción para vivir de una forma sostenible, económica y duradera.

En este libro se incluyen 14 proyectos seleccionados, todos desarrollados a nivel gráfico, con imágenes de exterior e interior, planos, alzados, secciones, detalles constructivos y breve memoria especificando los temas más singulares del proyecto.

PROJECT SELECTION

BRETTE HAUS IN HOLLENBEK

Architects **Brette Haus** Contact **www.brette.haus** Photographer **Gennadii Bakunin**
Location **Tiny house community "Lilleby", Hollenbek, Germany** Construction area **20 m²**

Rustic 20 XL is the first Foldable House in Germany. This is a tiny wooden house for hospitality accommodation. It was developed and manufactured by Latvian company Brette Haus in March 2021 in collaboration with cross-laminated timber factory WIGO Group.

The key feature of this cabin is its compact transportation size. The folding feature allows optimizing delivery two times. Three modules are connected with hinges and fold inside each other. Thus, no air is transported only multiple layers of the cabin.

Foldable houses fully correspond to an eco-friendly concept as they are made of renewable wood from sustainably managed forests. Wooden CLT panels (Cross-laminated timber) are manufactured according to precise measurement which results in low wastage.

Besides, the cross-laminated timber constructions are easy to install, durable against seismic forces, fire resistant (REI 60) and have an important feature as a smooth natural texture both from the exterior and interior.

They provide natural ventilation and optimal temperature balance. Brette Haus uses soft wood fibre insulation for the cabins supplied to the regions with the colder climate.

The production is sustainable due to low CO_2 emission, water consumption and waste generation. All the materials are recyclable.

Rustic 20 XL es la primera casa plegable en Alemania. Se trata de una casita de madera para alojamientos. Este proyecto fue desarrollado y fabricado por la empresa letona Brette Haus en marzo de 2021 en colaboración con la fábrica de madera contralaminada WIGO Group.

La característica clave de esta cabina es su tamaño de transporte compacto y la función de plegado, por su parte, permite optimizar la entrega dos veces. Dispone de tres módulos que están conectados con bisagras y se pliegan uno dentro del otro. Por lo tanto, no se transporta aire, sino varias capas del habitáculo.

Las casas plegables se ajustan en su totalidad a un concepto ecológico, ya que están hechas de madera renovable procedente de bosques gestionados de forma sostenible. Los paneles de madera CLT (madera contralaminada) se fabrican siguiendo medidas precisas que se traducen en un bajo nivel de desperdicio.

Además, las construcciones de madera contralaminada ofrecen facilidad de instalación, duradero frente a fuerzas sísmicas, resistencia al fuego (REI 60) y una característica importante, como una textura natural suave tanto en el exterior como en el interior.

Estas proporcionan ventilación natural y un equilibrio de temperatura óptimo. Brette Haus utiliza aislamiento de fibra de madera blanda para las cabañas suministradas a las regiones con clima más frío.

Asimismo, la producción de estas construcciones es sostenible, ya que tanto sus emisiones de CO_2, como su consumo de agua y generación de residuos son muy reducidos; todo ello sin olvidar que todos los materiales que utiliza son reciclables.

13

14

Scale 1:50

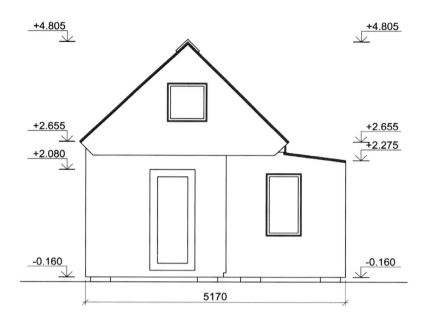

+4.805   +4.805

+2.655   +2.655
+2.080   +2.275

-0.160   -0.160

5170

Facade 1

Scale 1:50

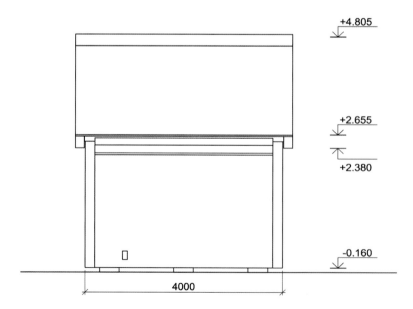

+4.805

+2.655

+2.380

-0.160

4000

Facade 2

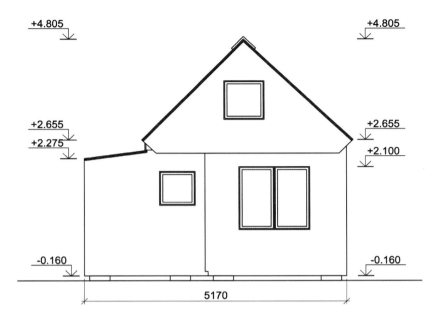

+4.805
+4.805
+2.655
+2.275
+2.655
+2.100
-0.160
-0.160
5170

Facade 3

Scale 1:50

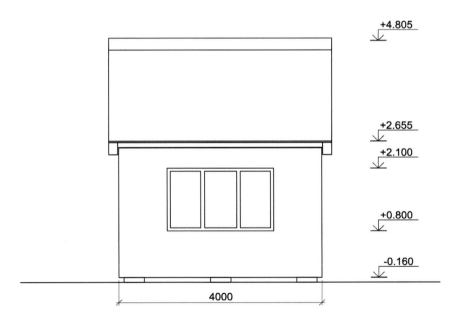

+4.805
+2.655
+2.100
+0.800
-0.160
4000

Facade 4

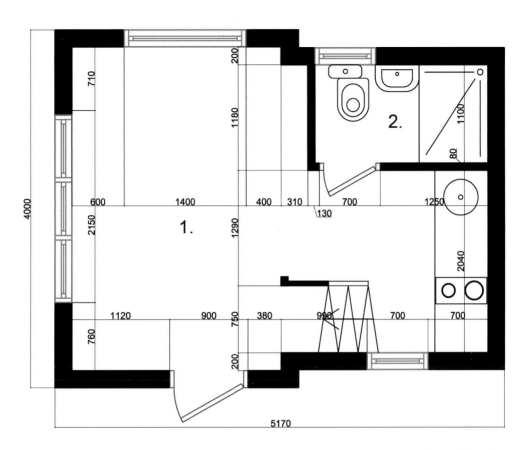

Ground floor plan

There is a ground floor planned as a living room with kitchen space and bathroom. The mezzanine floor is organised to be a bedroom and relax space. There are electricity and plumbing prefabricated as well as heating system, lights, WC & shower, and customised IKEA kitchen. House comes ready to use right after unfolding.

Cuenta con una planta baja prevista como sala de estar con espacio para cocina y baño. La entreplanta, por su parte, se organiza como dormitorio y zona de relajación. Dispone de electricidad y fontanería prefabricadas, así como sistema de calefacción, luces, WC y ducha, y cocina de IKEA personalizada. Una vez desplegada, la casa puede utilizarse de inmediato.

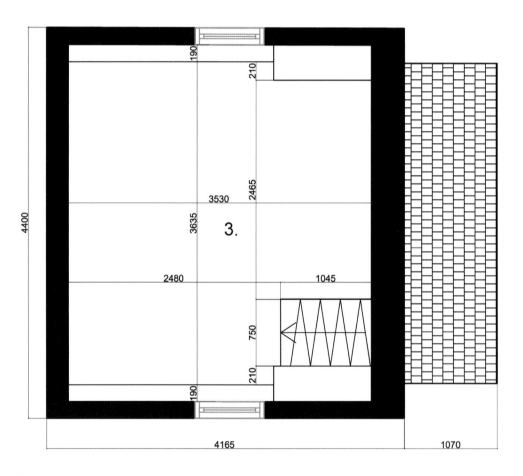

First floor plan

BEACH BOX BUDDINA

Architects **O.G.E Group Architects** Contact **www.ogegrouparchitects.com** Photographer **Ross Eason** Location **Buddina, Sunshine Coast, Queensland, Australia** Construction area **91 m²**

The "Beach Box Buddina" is a modern day beach shack which uses three shipping containers as the primary structural building blocks. The end doors have been removed to make way for full glazing panels, surrounded by crisp white awnings to bring a modern feel and protect from the elements. Deck areas and an internalised roofed link tie the containers together and provide a touch of skillion roof beach house vernacular.

The primary objective was to deliver a modern house with a very simple method of construction and very modest budget with an architectural language that could be regarded as being both gritty and refined, and both urban and coastal.

The Beach Box is a unique architectural project which has successfully utilised a very raw building module to create a building of surprising substance and refinement, and one which opens up absolutely to celebrate its oceanfront location.

La "Beach Box Buddina" es una choza de playa moderna que utiliza tres contenedores de transporte como bloques estructurales principales. Las puertas de los extremos se quitaron para dar paso a paneles de acristalamiento completos, rodeados de toldos blancos para proporcionar una sensación moderna y protegerla de los elementos. Los contenedores se encuentran unidos a través las zonas de cubierta y un enlace techado internalizado que aportan un toque autóctono de casa de playa con tejado inclinado.

El objetivo principal era entregar una casa moderna con un método de construcción muy sencillo y un presupuesto muy modesto con un lenguaje arquitectónico que pudiera considerarse duro y refinado, urbano y costero a la vez.

The Beach Box es un proyecto arquitectónico único que ha utilizado con éxito un módulo de construcción muy rudimentaria para crear un edificio de fundamento y refinamiento sorprendentes, y que se abre por completo para homenajear su ubicación frente al mar.

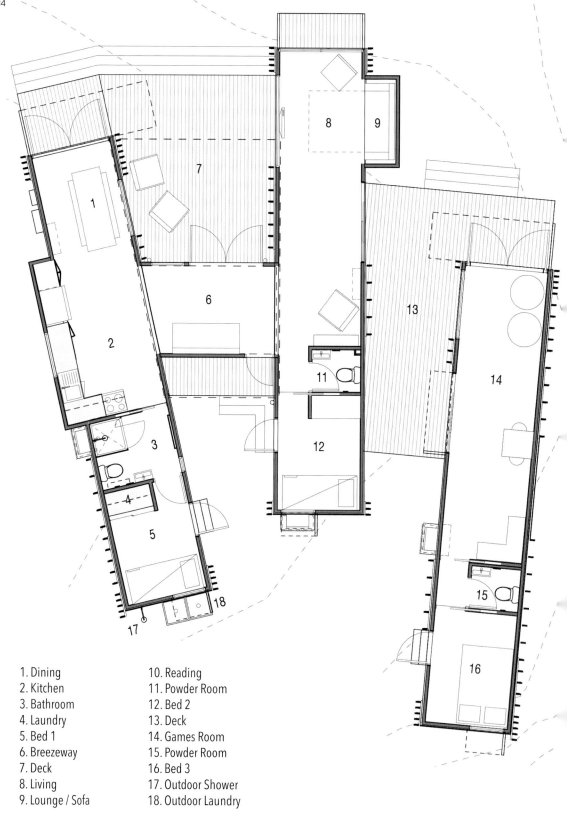

1. Dining
2. Kitchen
3. Bathroom
4. Laundry
5. Bed 1
6. Breezeway
7. Deck
8. Living
9. Lounge / Sofa
10. Reading
11. Powder Room
12. Bed 2
13. Deck
14. Games Room
15. Powder Room
16. Bed 3
17. Outdoor Shower
18. Outdoor Laundry

Features such as full height glazing to the ends of the modules, hardwood timber cladding fins, plywood lined roof over the deck and the sleek white alpolic awnings, create a striking architectural composition. The plan arrangement of the 3 modules at splayed angles and separated from each other with linking decks and an internal sitting area, create a dynamic and playful series of spaces.

Distinctive landscaping features including extensive custom cut and painted sleepers, painted edge timber screen fences, and gabian blocks to the front footpath line, compliment the building and bring refinement to the project as a whole.

Esta estructura ha logrado concebir una composición arquitectónica llamativa con características como el acristalamiento de altura completa hasta los extremos de los módulos, las aletas de revestimiento de madera dura, el techo revestido de madera contrachapada sobre la plataforma y los elegantes toldos de Alpolic blanco. La disposición en planta de los 3 módulos en ángulos abiertos y separados entre sí con cubiertas que se unen y una sala de estar interna crean una serie de espacios dinámicos y lúdicos.

Las características paisajísticas distintivas, que incluyen extensas traviesas pintadas y cortadas a medida, mamparas de madera con borde pintado y bloques de gaviones en la línea del sendero delantero, complementan el edificio y aportan elegancia al proyecto en su conjunto.

PORTABLE CABIN

Architects Wiercinski-studio Contact www.wiercinski-studio.com Photographer Oni Studio
Location Poznan, Poland Construction area 55 m²

Portable cabin is a year-round living space made of two adapted shipping containers. Investors are a couple of brave people who have contact with temporary architecture and are interested in searching for interesting and difficult to adapt spaces. The implementation of a portable cabin and remote work place turned out to be a great response to the present times. The facility is currently located at the community garden next to the Szelagowski Park in Poznan, and in the future it is to go to the forest and ultimately stand on the water. Containers were fully prepared in the production hall, while its transport and assembly on the plot took one day, and only the last internal finishing works remained on site.

Cabin was partially placed on the roof of previously standing containers, which serve as storage space for garden. Due to the sloping terrain and views, the solid was shifted by half its length, creating a large terrace on one side facing the nearby river, and on the other side it came closer to the plot, lowering the height needed to enter it. The cabin consists of two cargo shipping containers, 12 x 2.5 m and 2.9 m high. By arranging the function inside, which includes living room with a kitchen, place to work, bedroom and bathroom with bathtub, it was possible to obtain a total of 54 m2 of usable space and 24 m2 of space among greenery on the terrace. The walls of the portable cabin are insulated with spray foam and finished with birch plywood, which gives a unique atmosphere inside. By using appropriate materials, it was possible to obtain 2.6 m of internal height in the light and to hide the lintel created when connecting container frames.

El habitáculo portátil representa un espacio habitable durante todo el año hecho a partir de dos contenedores de transporte adaptados. Los inversores son una pareja de valientes que tienen contacto con la arquitectura temporal y están interesados en buscar espacios interesantes y difíciles de adaptar. La implementación de un habitáculo portátil y lugar de trabajo remoto resultó ser una gran respuesta a los tiempos que corren. La instalación está ubicada actualmente en el jardín comunitario al lado del Parque Szelagowski en Poznan, y en el futuro se trasladará al bosque y, finalmente, se mantendrá sobre el agua. Los contenedores se prepararon íntegramente en la nave de producción (mientras que su transporte y montaje en el sitio duró un día), quedando pendiente únicamente los últimos acabados internos que se llevaron a cabo en el emplazamiento.

El habitáculo se colocó parcialmente sobre el techo de contenedores que antes estaban en pie, que sirve de espacio de almacenamiento para el jardín. Debido a la pendiente del terreno y las vistas, el sólido se desplazó la mitad de su longitud, creando una gran terraza por un lado hacia el río próximo y, por el otro lado, se acercó a la parcela, rebajando la altura necesaria para entrar en ella. El habitáculo consta de dos contenedores de transporte de carga, de 12 x 2,5 m y 2,9 m de altura. Al disponer la función en el interior, que incluye sala de estar con cocina, espacio de de trabajo, dormitorio y baño con bañera, se logró obtener un total de 54 m2 de espacio útil y 24 m2 de espacio entre vegetación en la terraza. Las paredes del habitáculo portátil están aisladas con espuma en aerosol y acabadas con madera contrachapada de abedul, lo que aporta una atmósfera única al interior. Gracias al uso de materiales apropiados, fue posible obtener 2,6 m de altura interna a la luz y ocultar el dintel creado al conectar los marcos de los contenedores.

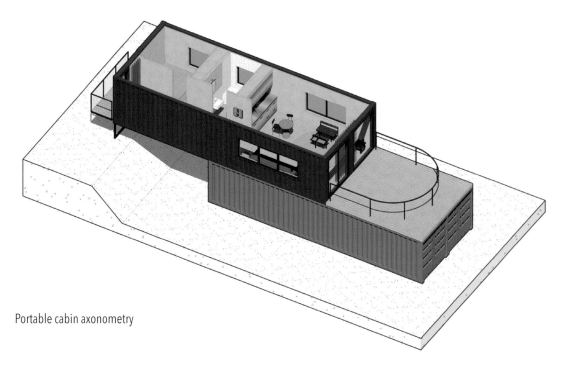

Portable cabin axonometry

The characteristic façade made of thick trapezoidal sheet metal was intentionally left to show the sincerity of the raw construction material. The walls are painted a dim green color which blends the object with the surroundings. In the living area overlooking the river, large balcony windows have been installed in the places where the metal gates were located. On the side elevations, windows have been placed in the middle of the wall height to leave as many interior arrangement options as possible. They are squares that stylistically fit perfectly into a simple shape and, depending on their function, combine into double and triple configurations. The facility is complemented by designed external steel stairs and a characteristic arched balustrade on the terrace.

La fachada característica hecha de chapa trapezoidal gruesa se dejó intencionalmente para mostrar la pureza de la materia prima de construcción. Las paredes están pintadas de un color verde tenue que combina el objeto con el entorno. En la sala de estar con vistas al río, se instalaron grandes ventanas de balcón en las zonas donde se ubicaron las puertas de metal. En los alzados laterales, las ventanas se han colocado en la mitad de la altura de la pared para dejar todas las opciones de arreglo interior posibles: son cuadrados que encajan a la perfección en términos estilísticos de forma sencilla y, según su función, se combinan en configuraciones dobles y triples. La instalación se complementa con escaleras de acero externas diseñadas y una característica barandilla arqueada en la terraza.

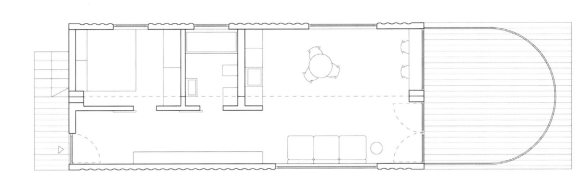

Ground floor plan

STARBURST HOUSE

Architects **Whitaker Studio** Contact **www.whitakerstudio.co.uk** Photographer **Whitaker Studio**
Location **Joshua Tree, California, USA** Construction area **200 m²** Structural engineer **Bruce Danziger**
Architect of Record **Martin Brunner** Steel work **Giant Containers**

In the spring of 2017 my client in LA had some friends visiting and, having a little time to spare, they all went on a road trip to visit the client's plot of land in Joshua Tree. Whilst there, amongst the arid landscape and jutting rocks, one of the friends said, "you know what would look great here?", before opening her laptop to show everyone a picture she'd seen on the internet. The picture was of an office that I'd designed several years ago but had never been built. And so it came to pass that next time the client was in London he got in touch and asked to meet up.

Situated on their 10-acre plot, the house is nestled into the rocky mountainside close to the national park. The house is 200m2 or 2000sq.ft. with 3 ensuite bedrooms, a kitchen, living room and an exoskeleton formed out of shipping containers. Each container is orientated to maximise views across the landscape, control light entering the house or to use the topography to provide privacy, depending on their individual use. A car port roofed in solar panels provides power for the house.

The client is a film producer with a background in nurturing creative projects into fruition so in many ways the dream collaborator!

En la primavera de 2017, mi cliente en Los Ángeles recibió la visita de algunos amigos y, con un poco de tiempo libre, todos se fueron de viaje para visitar el terreno del cliente en Joshua Tree. Mientras estaban allí, entre el paisaje árido y las rocas que sobresalían, una de las amigas dijo: "¿Sabes qué vendría genial aquí?", antes de abrir su ordenador portátil para mostrarles a todos una foto que había visto en Internet. La imagen era de una oficina que había diseñado hace varios años pero que nunca se había construido. Y así fue cómo la siguiente vez que el cliente estuvo en Londres contactó y solicitó celebrar una reunión con nosotros.

La casa, situada en su parcela de 10 acres, se encuentra en la ladera rocosa cerca del parque nacional. Sus dimensiones son de 200m2 o 2000 pies cuadrados y cuenta con 3 habitaciones con baño, cocina, sala de estar y un exoesqueleto formado por contenedores de transporte. Cada contenedor está orientado para maximizar las vistas del paisaje, controlar la luz que entra en la casa o usar la topografía para brindar privacidad, según su uso individual. Por otra parte, su cochera cubierta con paneles solares proporciona energía a la casa.

El cliente es un productor de cine con experiencia en el fomento de proyectos creativos para que froliferen, por lo que, en muchos sentidos, ¡es el colaborador perfecto!.

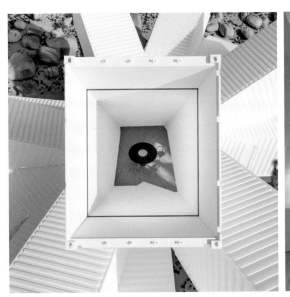

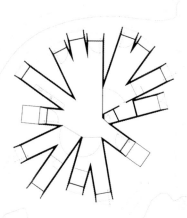

Presentation plan

HECHINGEN STUDIO

Architects **Whitaker Studio** Contact **www.whitakerstudio.co.uk** Photographer **Whitaker Studio**
Location **Hechingen, Germany** Construction area **100 m²**

In 2010 a friend was planning to move back to southern Germany to start an advertising agency with a colleague and they needed an office for their enterprise. They had begun stacking wooden blocks on their kitchen table to plan their future office and asked me to have a look at their plans. Now, I grew up in Liverpool and always associate a stack of shipping containers, as they had planned for their new office, with the docks. My childhood was spent driving past stacks and stacks of shipping containers awaiting journeys out across the Atlantic. They're an impressive object in their own right but a stack of them doesn't really scream, creative-business! So I began thinking about an experiment that we did in school when I was a kid. You put a small grain of salt on the end of a thread of cotton and dangle it into a saline solution. Over the next few days that grain of salt acts as a catalyst and draws the salt from the solution, growing a wonderful crystal. This seemed like a good analogy for an advertising company. Sticking with the containers that my friend had started with I created a design for them that felt befitting a progressive, imaginative agency. Sadly their startup stopped before it started and the office was never built.

However, while the project was still live I spoke to Gardiner & Theobald in Berlin who had just finished working on a steel building. They knew who to buy shipping containers from in Rotterdam and the perfect metal fabricators in Hamburg. After fabrication, the modules would be transported to site where they would be bolted together, sitting on top of concrete columns rising from the foundations.

En 2010, un amigo planeaba regresar al sur de Alemania para iniciar una agencia de publicidad con un colega y necesitaban una oficina para su empresa. Habían comenzado a apilar bloques de madera en la mesa de la cocina para planificar su futura oficina y me pidieron que echara un vistazo a sus planos. Para situarnos, me crié en Liverpool y siempre asocio una pila de contenedores de transporte (como habían planeado para su nueva oficina) con los muelles. Pasé mi infancia entre montones y montones de contenedores de transporte que esperaban su momento para ser enviados al otro lado del Atlántico. Son impresionantes per se, pero una pila de ellos es lo que llamamos "negocio creativo". Fue entonces cuando comencé a pensar en un experimento que hicimos en el colegio cuando era niño: pones un granito de sal en el extremo de un hilo de algodón y lo cuelgas en una solución salina. Durante los días siguientes, ese grano de sal actúa como catalizador y extrae la sal de la solución, formando un maravilloso cristal. Esto parecía una buena analogía para una empresa de publicidad. Siguiendo con los contenedores con los que mi amigo había comenzado, creé un diseño para ellos que parecía apropiado para una agencia progresista e imaginativa. Lamentablemente, su inicio se detuvo antes de comenzar y la oficina nunca se construyó.

Sin embargo, mientras el proyecto aún estaba vivo, hablé con Gardiner & Theobald en Berlín, quienes acababan de terminar de trabajar en un edificio de acero. Sabían a quién comprar contenedores de transporte en Róterdam y los fabricantes de metal ideales en Hamburgo. Tras la fabricación, los módulos se transportarían al sitio donde se atornillarían entre sí y se asentarían sobre columnas de hormigón que se elevan desde los cimientos.

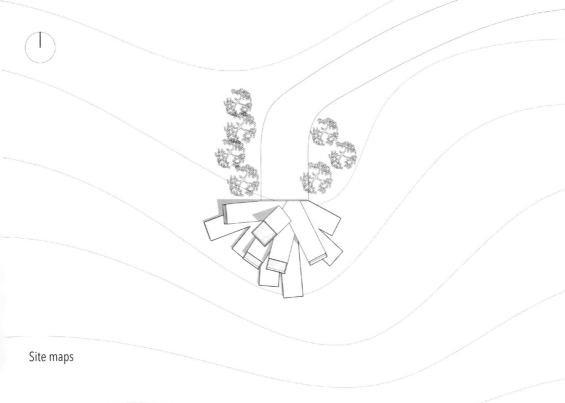

Site maps

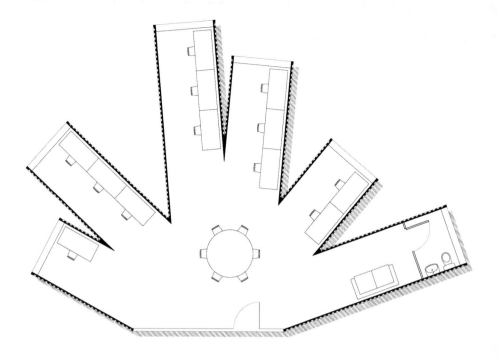

Plan

Roof

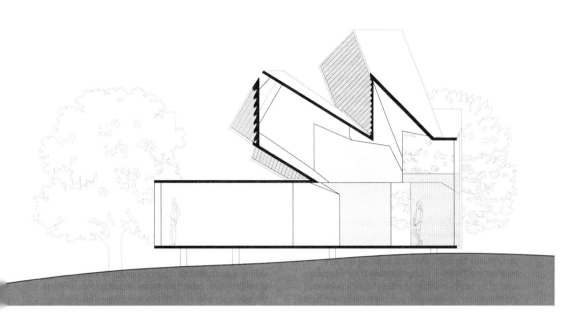

Section

DH HOUSE

Architects **UZ architecture** Contact www.uzarchitecture.com Instagram **@uzarchitecture**
Photographer **Addison Ow** Instagram **@plusplusphotography**
Location **Miaoli County, Taiwan** Construction area **101 m²**

We came in contact with Mr Cheng through a very close client, who wanted to build a special affordable budget retirement home for him and his wife. With this as the starting point, the project takes a simple form with many low tech design strategies to reach its current state.

The client's site is located in the center of Taiwan, on the top of a mountain in between two valleys. The existing piece of land was a highly complex and hilly terrain with a community site limitation that didn't allow us to make any big land modifications. Therefore, taking advantage of the astonishing views of the valleys, maintaining privacy from the public road and strategically orientating the building in the hot and humid Taiwan climate became the major site factors for this project.

In terms of building methods, there are two main constraints that ultimately shaped the project. Firstly, the low technical capacity of the workers in the area, that made us simplified the design in order to ensure the project could be executed and secondly, the difficult access to the site for large construction vehicles. Due to these two factors, we opted for a more flexible and lightweight metal structure as the optimum construction method for this project.

The project is formed by a 5m x 16m volume with a North - South orientation that "flies" over the terrain, creating a covered parking/outdoor terrace space. The whole volume has a double pitched roof without a drainage channel, proving to be very helpful during the typhoon season while giving the volume a more solid appearance.

On the North side, the pitched roof extends outward by 80cm to provide shade for the large windows of the master bedroom and bathroom. Allowing the space to have total privacy but still have full panoramic views of the surrounding landscape.

On the South side, public areas of the house are designed with views of the second valley and existing public road. With regards to the material of the facade and the roof, both are covered with the same standing seam metal system. The only change to this system occurs on the inside of the eaves where we chose a rougher metal finish.

Mr. Cheng llega a nosotros con la ilusión de construirse una casa para su jubilación en una parcela recien adquirida en la montaña, con un presupuesto muy ajustado de alrededor de 100K USD.

La parcela se sitúa en lo más profundo de Taiwán, en lo alto de una montaña entre dos valles, con una orografía muy compleja y con mucha pendiente, donde hay que hacer los mínimos movimientos de tierras para reducir costes. Además de esto, las increíbles vistas a los dos valles, la privacidad de la parcela desde la vía pública y el soleamiento, extremadamente importante en un clima tan caluroso como el de Taiwán, constituyen los puntos de partida del proyecto.

Constructivamente hay dos factores que dan forma al proyecto: las capacidades técnicas de los gremios de la zona, siempre teniendo que simplificar el diseño para ser capaces de ejecutarlo. Y el difícil acceso rodado a la parcela, siendo una estructura de metal la solución constructiva más adecuada.

El proyecto se forma a través de un volumen de 5m x 16m con una orientación Norte-Sur, que vuela sobre el terreno creando una zona de parking y/o terraza cubierta. Al Norte una gran cristalera protegida del soleamiento hace que la habitación y el baño principal tengan unas increíbles vistas del valle con una privacidad absoluta. Al Sur, con las vistas del segundo valle y más cercano a la vía pública, se sitúan las zonas más públicas de la vivienda.

Todo el volumen dispone de una cubierta a dos aguas sin canalón, que es de gran ayuda durante los tifones, y que confiere al volumen un aspecto mucho más sólido. Materialmente la fachada y la cubierta se revisten con el mismo sistema metálico de junta alzada, siendo solo en el interior de los aleros donde el acabado cambia a una chapa metálica más rugosa.

Floor

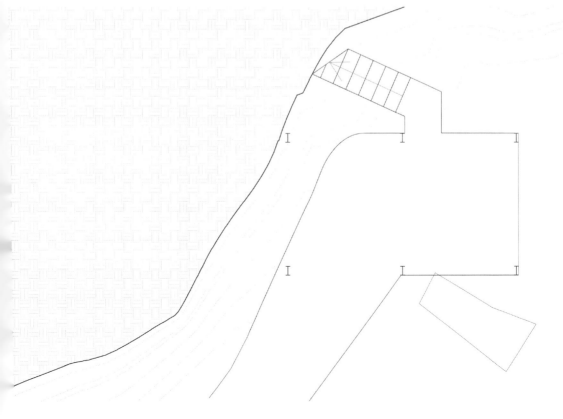

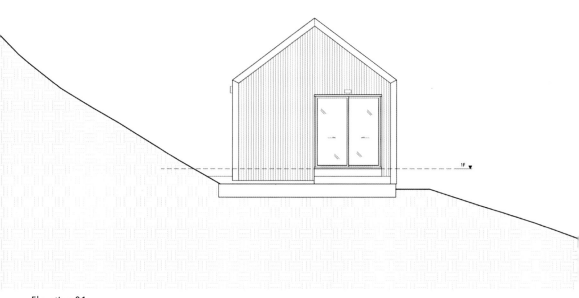

Elevation 01

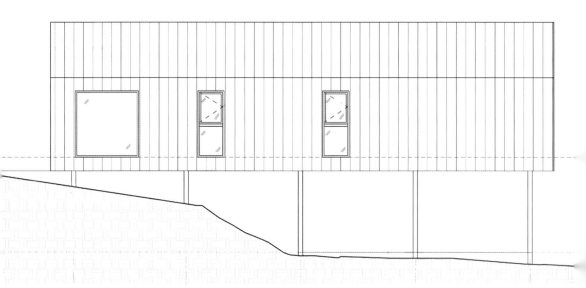

Elevation 02

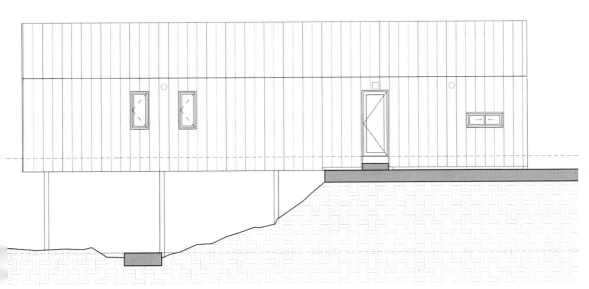

Elevation 03

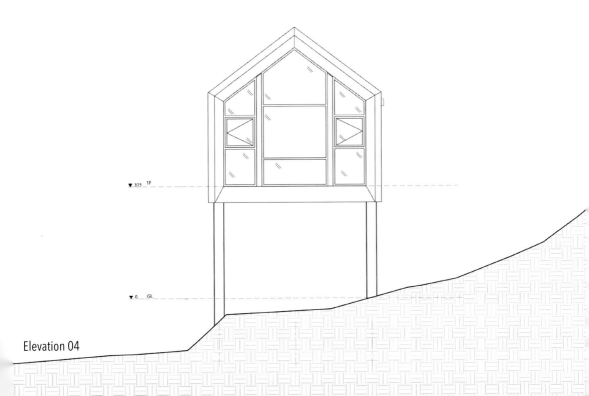

▼ 315 1F

▼ 0 GL

Elevation 04

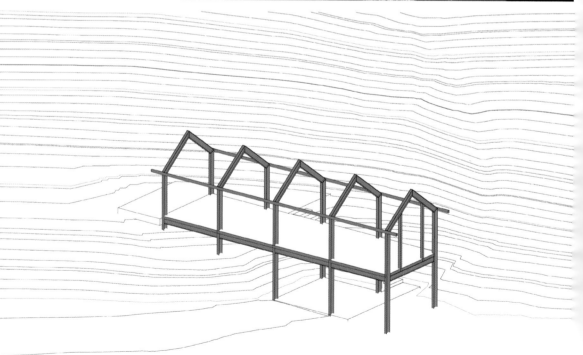

Structure 3D

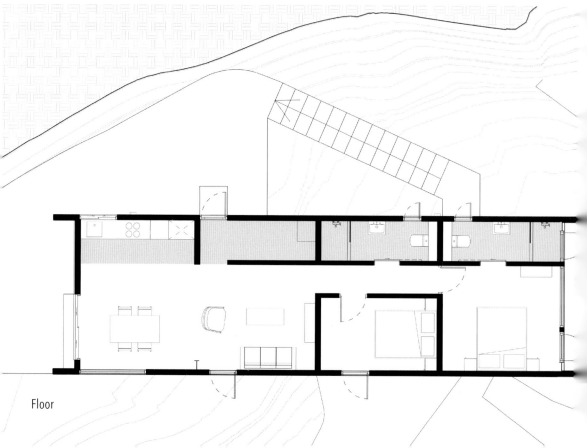

Floor

ESCAPE DEN

Principal Architect **Kazi Fida Islam** Office/Studio **River & Rain** Contact **www.riverandrain.net**
Photographer **Maruf Raihan, Hasan Saifudding Chandan, Junaid Hasan Pranto**
Location **Bashudhara, Dhaka** Construction area **134 m²**

This captivating vacation house has transformed the non-enchanting and austere look of four modular hard-core shipping containers into a cozy built form. Along with two beds, a formal living and a patio-dining with kitchenette, this avant-garde house is a perfect hide-out from every day urban buzz of Dhaka. Even within a compact and planned residential area, the still barren surrounding plots ensure an unobtrusive vista of far-flung tress along with the mingling of horizon and sky.

The premise is approached with an airier look as the split-level formal living with its underneath open space accentuates the floating effect. While stepping onto the formal stairs of the house, a topological sequence from patio dining with its adjacent kitchenette leads to next level of living area. With a change in flight direction and few more steps, the longest container adjoined with two modules, formed the bed rooms that are kept atop the dining area, thus ensuring the privacy through vertical zoning.

Triple height atrium with green foliage of almond tree is indeed a solemn beauty for anyone who steps inside. The velvety vibe of screening vines over the roof acts as buffers to lessen the heat penetration. Setting sun, moonlit night and the starry sky shower the glazing of the house with their reflections unconditionally. Air and light changes along with seasons and dauntlessly pass through. The landscaping has been kept bare minimum to enjoy the enchantment of the project. The open vast front yard is clung to adorn the lonesome structure and creates the perfect soliloquy for this escape den.

Esta cautivadora casa de vacaciones ha transformado el aspecto austero y poco encantador de cuatro contenedores de transporte modulares en una acogedora forma construida. Junto con dos camas, una sala de estar formal y un comedor en el patio con cocineta, esta casa de vanguardia representa un escondite perfecto del ajetreo urbano diario de Dhaka. Incluso dentro de un área residencial compacta y planificada, las parcelas circundantes aún áridas aseguran una vista discreta de árboles extensos junto con la mezcla del horizonte y el cielo.

La premisa se aborda con una apariencia más aireada, ya que la vida formal de dos niveles con su espacio abierto debajo acentúa el efecto flotante. Al subir las escaleras formales de la casa, la secuencia topológica desde el comedor del patio con su cocineta adyacente conduce al siguiente nivel de la sala de estar. Con un cambio de aire y algunos escalones más, el contenedor más largo unido con dos módulos dio forma a los dormitorios que se mantienen sobre el comedor, asegurando así la privacidad a través de la zonificación vertical.

El atrio de triple altura con follaje verde de almendro es, de hecho, una belleza solemne para cualquiera que acceda a su interior. El ambiente aterciopelado de las enredaderas sobre el techo actúa como amortiguador para reducir la penetración del calor. El sol poniente, la noche de luna y el cielo estrellado bañan el acristalamiento de la casa con sus reflejos de manera incondicional. El aire y la luz cambian junto con las estaciones y pasan con gallardía. El paisajismo se ha mantenido al mínimo para disfrutar del encanto del proyecto. El amplio patio delantero abierto se aferra para adornar la estructura solitaria y crea el soliloquio perfecto para esta guarida de escape.

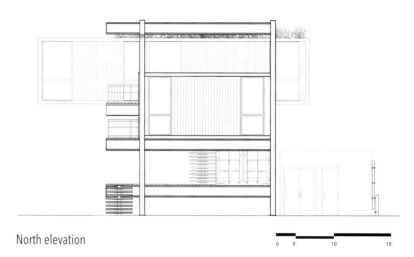

North elevation

0 5' 10' 15'

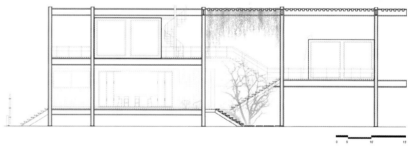

South elevation

0 5 10 15

The hefty look of containers has softened up with skillful ensemble of architectural details; floated platforms, intertwining stairs and diverse direction of container placements. The scale of individual container has been maneuvered considering both internal and external space formulations. The slits and cut through add volume to the interior space as they expand visibility with artistic apertures and enhance the sense of openness. For interior and furnishing, true expression of container has been enhanced with a mute-toned, fine tuned paint job and minimal assemblage of eclectic furniture.

El aspecto pesado de los contenedores se ha suavizado con un hábil conjunto de detalles arquitectónicos, a saber: plataformas flotantes, escaleras entrelazadas y diversas direcciones de colocación de contenedores. La escala del contenedor individual ha sido maniobrada considerando formulaciones de espacio tanto interno como externo. Las hendiduras y cortes agregan volumen al espacio interior a medida que amplían la visibilidad con aberturas artísticas y mejoran la sensación de apertura. Para el interior y el mobiliario, la verdadera expresión del contenedor se ha mejorado con un trabajo de pintura finamente depurado en tonos apagados y un montaje mínimo de muebles eclécticos.

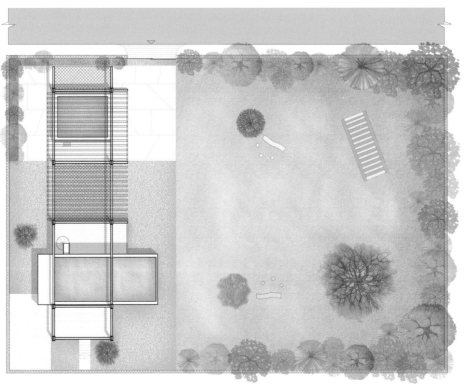

Roof plan

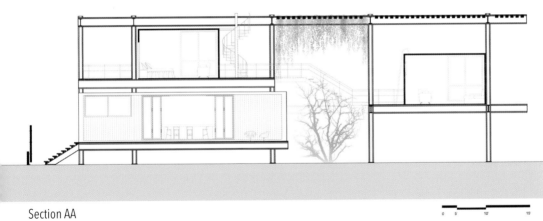

Section AA

0   5'   10'   15'

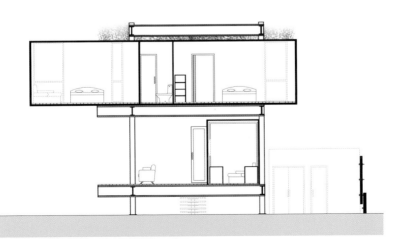

Section BB

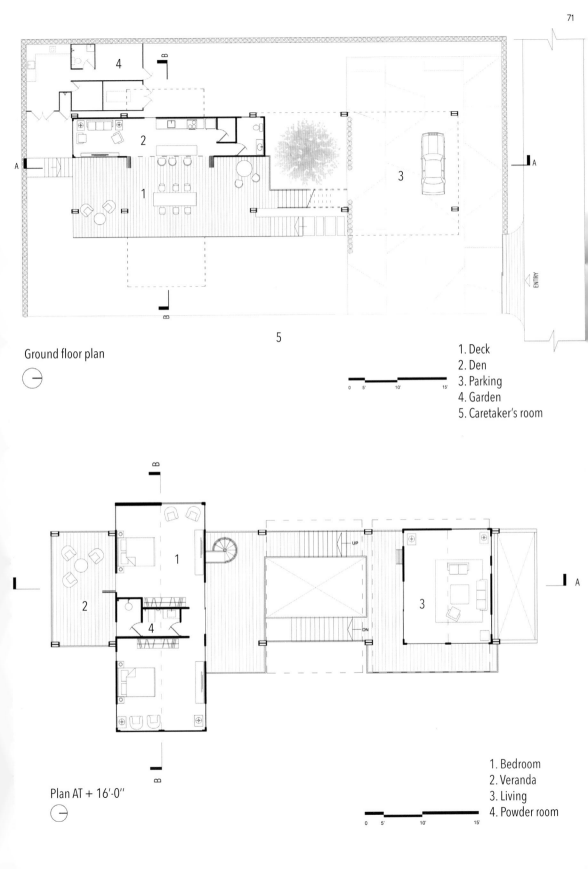

Ground floor plan

1. Deck
2. Den
3. Parking
4. Garden
5. Caretaker's room

Plan AT + 16'-0"

1. Bedroom
2. Veranda
3. Living
4. Powder room

COURTYARD HOUSE AT MUNGO BRUSH

Architects CHROFI Contact www.chrofi.com Client Fabprefab Contact www.fabprefab.com.au
Project Director Tai Ropiha Project Team Fraser Mudge, Darryl Chandler Photographer Clinton Weaver
Location Hawks Nest, NSW Construction area 37 m²

The brief was to design a small prefabricated home that had a generous sense of space, within a very small footprint, a challenge in a building typology normally dictated by narrow proportions.

The building is completely off-grid, generates its own solar power and harvests its own rainwater. Passive systems are used to naturally ventilate and shade the building. The prefabricated offsite construction allows the dwelling to lightly touch the ground without degrading the site with invasive construction methodologies.

The building has no sense of a front, back or side, but rather engages with the landscape on all sides. The verandah and enclosed courtyard each provide a mediated connection between the interior and the landscape. The multitude of visual connections that cut across the reduced floor plan connects the inhabitants with the ever-changing light quality of the landscape.

El objetivo consistía en diseñar una pequeña casa prefabricada que tuviera una generosa sensación de espacio dentro de un espacio muy pequeño, un desafío en una tipología de construcción normalmente dictada por proporciones estrechas.

El edificio se encuentra completamente aislado de la red, genera su propia energía solar y recolecta su propia agua de lluvia. Los sistemas pasivos se utilizan para ventilar y proporcionar sombra al edificio de manera natural. La construcción prefabricada fuera del sitio permite que la vivienda toque ligeramente el suelo sin degradar el emplazamiento con metodologías de construcción invasivas.

El edificio no tiene una parte frontal, parte posterior o lateral como tal, sino que se relaciona con el paisaje en todos sus lados. La terraza y el patio cerrado proporcionan individualmente una conexión mediada entre el interior y el paisaje. La multitud de conexiones visuales que atraviesan la planta reducida conecta a los habitantes con la calidad de la luz en constante cambio del paisaje.

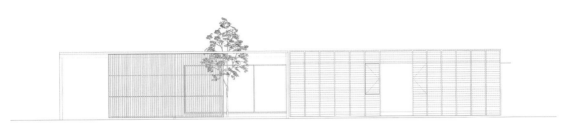

Elevation 1

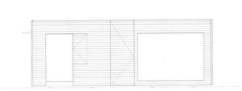

Elevation 2

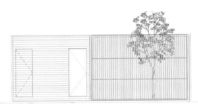

Elevation 3

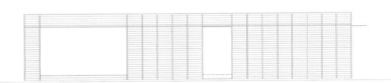

Elevation 4

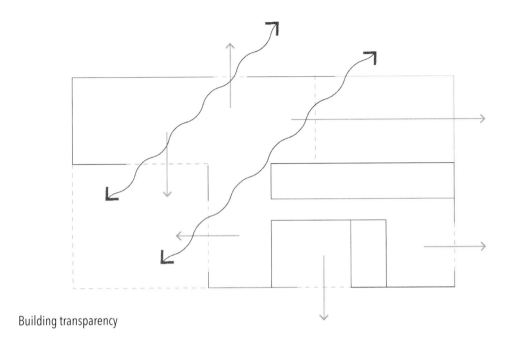

Building transparency

While the continuous cladding and screen detail strongly hold the form of the building, the house also exhibits a high degree of openness and transparency.

Si bien el revestimiento continuo y el detalle de la pantalla mantienen firmemente la forma del edificio, la casa también exhibe un alto grado de apertura y transparencia.

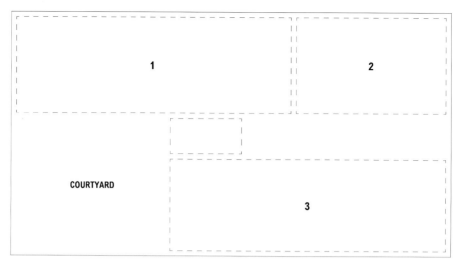

Concealed prefabricated modules

Prefabricated modules 1 and 3 are offset to from the outdoor room (module 2) and the courtyard.

Los módulos prefabricados 1 y 3 se desfasan de la estancia exterior (módulo 2) y del patio.

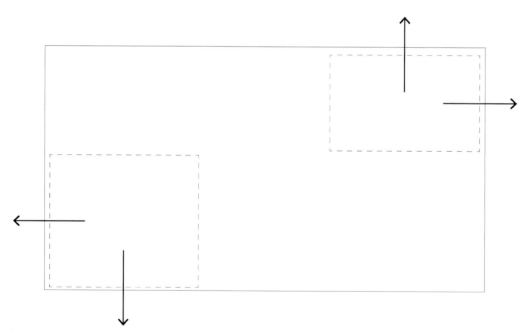

Outdoor rooms

The outdoor room and courtyard enable connection to the landscape in all directions.

La sala al aire libre y el patio permiten la conexión con el paisaje en todas las direcciones.

BIRDBOX MINI & MEDI

Architects Livit Contact www.livit.no Photographer livit.no
Construction area BirdBox Mini 3.2 x 2.2 x 2.2 m² BirdBox Medi 5.1 x 2.4 x 2.4 m²

Birdbox is a prefabricated room designed to bring you close to nature. It should give you comfort and shelter, at the same time be small and light enough to be placed in unique places with minimal footprint.

Birdbox comes in two versions, Birdbox Mini and Birdbox Medi.

Birdbox is designed to get you close to nature with the comfort of a hotel room. Every Birdbox is placed in unique locations to create truly unique experiences. Here you can isolate yourself from the world and enjoy a night of solitude. The perfect getaway for peace and tranquility.

Feel close to nature in ultimate comfort. Enjoy the view of the epic mountain range of Blegja and the Førdefjord. Feel the true Norwegian countryside calmness of birds chirping, rivers flowing and trees in the wind. Explore the countryside area, walk down to the fjord and take a swim, hike the surrounding mountains, relax with a good book & meditate. Enjoy the unique Birdbox experience.

Birdbox es una habitación prefabricada diseñada para acercarte a la naturaleza. Debe brindarle comodidad y refugio mientras es lo suficientemente pequeño y liviano como para colocarse en lugares únicos con un espacio mínimo.

Birdbox viene en dos versiones, Birdbox Mini y Birdbox Medi.

Birdbox está diseñado para acercarle a la naturaleza con la comodidad de una habitación de hotel. Cada Birdbox se coloca en ubicaciones únicas para crear experiencias realmente singulares. Aquí podrá aislarse del mundo y disfrutar de una noche de soledad. En definitiva, es la escapada perfecta para hallar paz y tranquilidad.

Siéntase cerca de la naturaleza con la máxima comodidad; disfrute de la vista de la épica cadena montañosa de Blegja y el fiordo Førdefjord; sienta la verdadera tranquilidad del campo noruego con el canto de los pájaros, los ríos que fluyen y los árboles que musitan en el viento; explore el área rural, camine hasta el fiordo y nade, pasee por las montañas circundantes, relájese con un buen libro y medite: disfrute de la experiencia única de Birdbox.

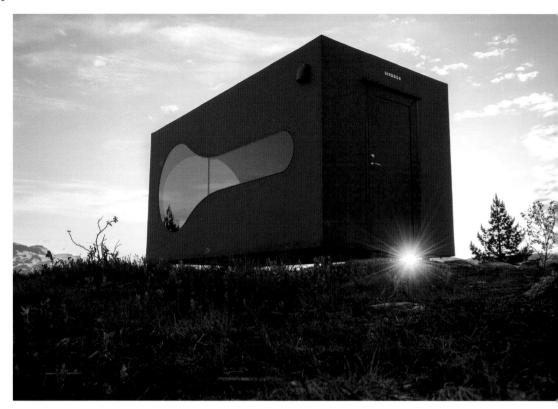

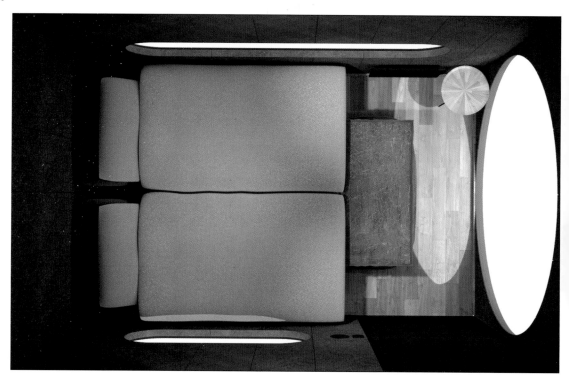

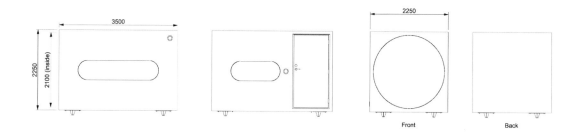

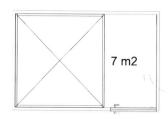

7 m2

Profile & plan mini

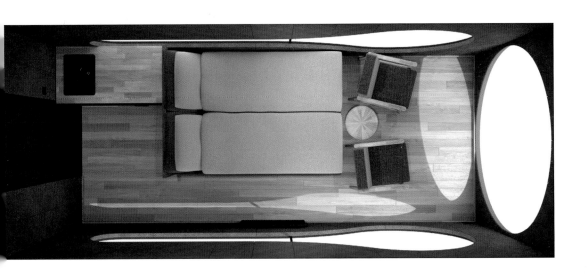

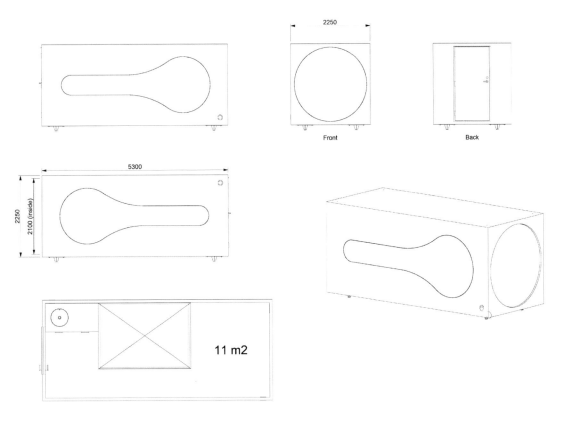

2250

Front

Back

5300

2250

2100 (inside)

11 m2

Profile & plan medi

MARKETING SUITE

Architects **A Work Of Substance** Contact **www.aworkofsubstance.com** Photographer **Dennis Lo**
Location **Hong Kong** Construction area **192 m²**

Containers are multifaceted; a strong symbol of a logistics company and a celebrator of sustainable architecture. Its modular construct naturally allowed us to use 4 containers to create 6 differents spaces as a marketing suite, with the flexibility to adapt to an evolving site.
We maximised the opportunity to have extensive glass openings, which allows potential clients to have an overview of the surrounds.
The layering of timber and glass softens the features of an inherently industrial product, establishing harmony amongst nature whilst bringing in light and tropical backdrops into the space. At the end, the build can be collapsed and transported leaving minimal imprint on the original landscape.

Los contenedores son multifacéticos, un fuerte símbolo de una empresa de logística y un celebrante de la arquitectura sostenible. Su construcción modular, naturalmente, nos permitió usar 4 contenedores para crear 6 espacios diferentes como una suite de marketing, con la flexibilidad de adaptarse a un sitio en evolución.
Maximizamos la oportunidad de tener amplias aberturas de vidrio, lo que permite a los clientes potenciales tener una visión general de los alrededores.
Las capas de madera y vidrio mitigan las características de un producto intrínsecamente industrial, estableciendo así armonía entre la naturaleza al mismo tiempo que aporta luz y fondos tropicales al espacio. Al final, la construcción puede colapsarse y transportarse dejando una huella mínima en el paisaje original.

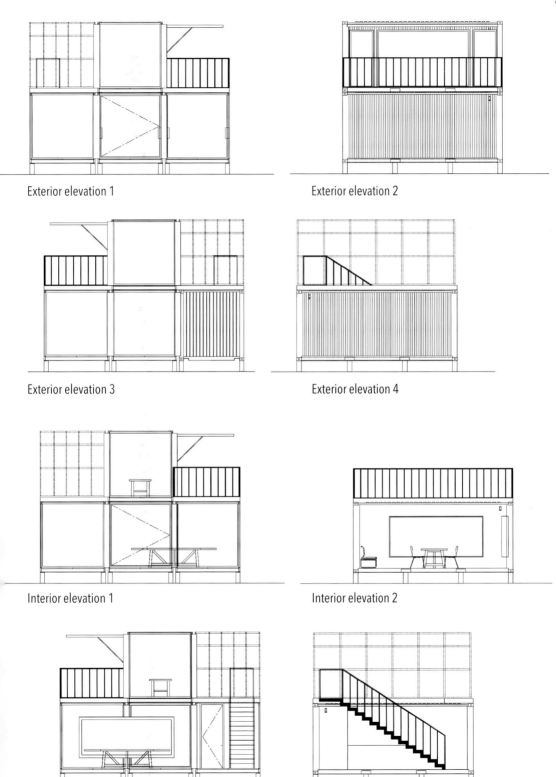

Exterior elevation 1

Exterior elevation 2

Exterior elevation 3

Exterior elevation 4

Interior elevation 1

Interior elevation 2

Interior elevation 3

Interior elevation 4

DOGS & DOCTORS

Architecture & Design **Pirinen Salo Oy** Contact **wwww.pirinensalo.com**
Construction Engineer **Toni Kekki, Rakennuskonsultointi T Kekki Oy**
Photographer **Marc Goodwin/Archmospheres** Location **Pyhtää, Finland** Construction area **160 m²**

On a seashore, between pine trees, a house consists of three little, seemingly separate buildings. Their facade is wood, burned to char, and their pitched roofs a light green colour. Towards the street, there are very few windows, a garage, and the front door hidden in a corner between the two slightly larger masses.
The area is a peaceful end of a road, with sparsely scattered houses, surrounded by pine trees leading up to the front of Swan Beach, as the locals call it.

Approaching the corner in which the front door lies, there is a powerful immersion in the darkness of the charred wood. The darkness shuts down the surroundings and builds up to a perceivable silence.
As the door opens, so does the view. The beautiful archipelago has the whole interior at its embrace. Behind sliding glass doors the terrace steps lead to the rushes. Every room of the house has a sea view.

A la orilla del mar, entre pinos, una casa consta de tres pequeños edificios aparentemente separados. Su fachada es de madera carbonizada y sus tejados a dos aguas de color verde claro. Hacia la calle hay muy pocas ventanas, un garaje y la puerta principal escondida en una esquina entre las dos masas un poco más grandes.
La zona es el final tranquilo de un camino, con casas escasamente dispersas, rodeadas de pinos que conducen al frente de Swan Beach, como la llaman los lugareños.

Al acercarse a la esquina en la que se encuentra la puerta principal, se encuentra una poderosa inmersión en la oscuridad de la madera carbonizada, la misma oscuridad que paraliza el entorno y se acumula en un silencio perceptible.
A medida que se abre la puerta, también lo hace la vista: el hermoso archipiélago tiene todo el interior a su alcance. Tras las puertas corredizas de vidrio, los escalones de la terraza conducen a los juncos. Además, todas las habitaciones de la casa tienen vistas al mar.

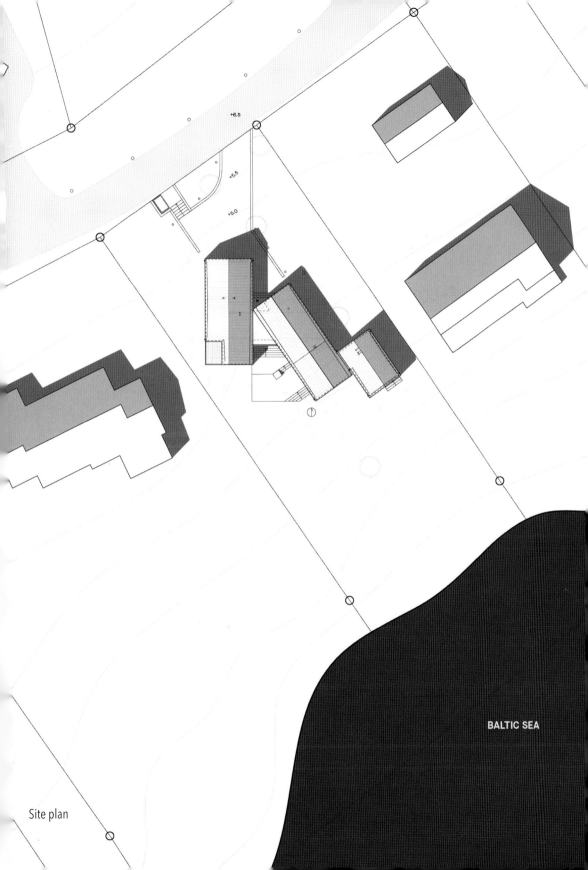

+6.5

+5.5

+5.0

BALTIC SEA

Site plan

The hall is a comfortably low space, having the feeling of human scale and safety. From the hall, the ceiling rises higher into the dining area. There is a fireplace separating the dining area and the living room, and behind the living room, a big view to the waterfront.

Around the fireplace, there are a couple of steps down leading into the living room. The scale of the room and its fixed furniture give a subtle shrinking feeling, the space grows, the view gets closer, it's as if you would be under a natures microscope.

La sala es un espacio cómodamente bajo que tiene la sensación de escala humana y seguridad. Desde el vestíbulo, el techo se eleva más hacia el comedor. Hay una chimenea que separa el comedor y la sala de estar, donde tras ella se esconde una gran vista al paseo marítimo. Alrededor de la chimenea, hay un par de escalones que conducen a la sala de estar. La escala de la habitación y su mobiliario fijo dan una sutil sensación de encogimiento: el espacio crece y la vista se acerca, es como si estuvieras bajo el microscopio de la naturaleza.

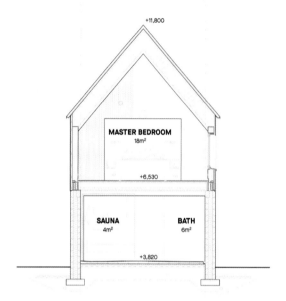

Section B-B

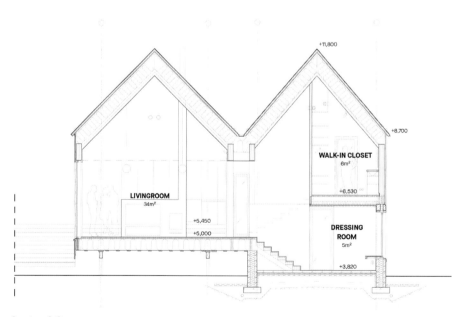

Section C-C

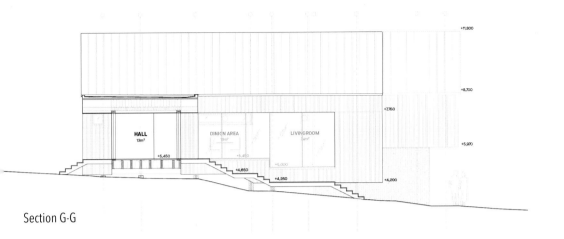

+11,800

+8,700

+7,760

+5,970

HALL
13m²

DINIGN AREA
15m²

LIVINGROOM
34m²

+5,450

+5,450

+5,000

+4,650

+4,250

+4,200

Section G-G

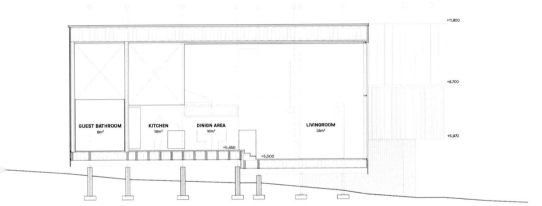

+11,800

+8,700

+5,970

GUEST BATHROOM
6m²

KITCHEN
16m²

DINIGN AREA
16m²

LIVINGROOM
34m²

+5,450

+5,000

Section F-F

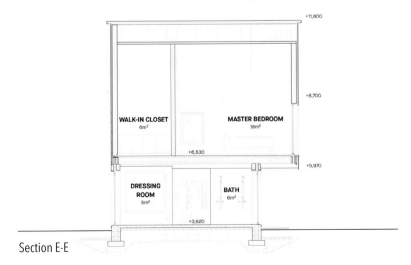

+11,800

+8,700

WALK-IN CLOSET
6m²

MASTER BEDROOM
18m²

+6,530

+5,970

DRESSING
ROOM
5m²

BATH
6m²

+3,820

Section E-E

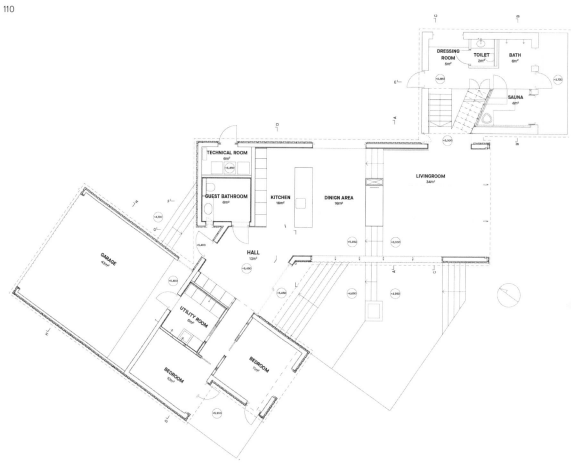

Floor plan

PLUGIN LEARNING BLOX

Architecture & Design **Peoples-Architecture Office** Contact **www.peoples-architecture.com**
Organizer **Longgang District Government** Principals **He Zhe, James Shen, Zang Feng**
Project Architect **Sha Jinghai** Photographer **People's Architecture Office, Vphoto** Project Architect **Sha Jinghai**
Location **Longgang District, Shenzhen** Construction area **330 m²**

The Plugin Learning Blox helps alleviate the high demand for educational space in rapidly growing cities. It also responds to the need for classrooms to support innovative learning as China transitions to a post-industrial economy. The project is a pop-up school that can be rapidly deployed and easily adapted to current and future education models.

Advances in education call for greater emphasis on self-directed learning, social connection, and systematic problem solving. Interdisciplinary project-based learning is becoming a crucial methodology for young individuals. The "Plugin Learning Blox" is composed of several classrooms organized as project groups around a common area. Educational activities are held in the central public space where the community is invited to participate. The project classrooms serve as breakaway spaces for smaller group and individual learning.

The building uses the China Construction Science & Technology Company's prefabricated building system, the same flat-pack modular system used to build a hospital in 10 days in Wuhan. All the components were produced in a factory and the construction on site took 3 days. The building can also be disassembled, relocated and reused.

The Plugin Learning Blox was presented as part of The Popup Campus organized by FuturePlus Academy for the 2019 Shenzhen-Hong Kong Bi-City Biennale of Architecture\Urbanism. As part of the exhibition, PAO's Plugin Learning Lofts occupied the central common area to support educational activities. The project is a prototype designed to explore space as a third teaching dimension in early age education. The "Plugin Learning Loft" consists of a basic spatial structure with interchangeable infill elements that support learning through play.

El Plugin Learning Blox ayuda a aliviar la gran demanda de espacios educativos en ciudades de rápido crecimiento. También responde a la necesidad de aulas para apoyar el aprendizaje innovador a medida que China hace la transición a una economía posindustrial. El proyecto consiste en una escuela emergente que puede implementarse rápidamente y adaptarse fácilmente a los modelos educativos actuales y futuros.

Los avances en educación exigen un mayor énfasis en el aprendizaje autodirigido, la conexión social y la resolución sistemática de problemas. El aprendizaje interdisciplinario basado en proyectos se está convirtiendo en una metodología crucial para los jóvenes. El "Plugin Learning Blox" se compone de varias aulas organizadas como grupos de proyectos que versan sobre un área común. En el espacio público central se realizan actividades educativas donde se invita a la comunidad a participar. Las aulas del proyecto sirven como espacios separados para grupos más pequeños y aprendizaje individual.

El edificio utiliza el sistema de construcción prefabricado de China Construction Science & Technology Company, el mismo sistema modular de paquete plano utilizado para construir un hospital en 10 días en Wuhan. Todos los componentes se produjeron en una fábrica y la construcción en el sitio duró 3 días. El edificio también se puede desmontar, reubicar y reutilizar.

El Plugin Learning Blox se presentó como parte de The Popup Campus organizado por FuturePlus Academy para la Bienal de Arquitectura/Urbanismo de Shenzhen-Hong Kong Bi-City 2019. Como parte de la exhibición, los Plugin Learning Lofts de PAO ocuparon el área común central para apoyar las actividades educativas. El proyecto es un prototipo diseñado para explorar el espacio como una tercera dimensión didáctica en la educación infantil. El "Plugin Learning Loft" consiste en una estructura espacial básica con elementos de relleno intercambiables que respaldan el aprendizaje a través del juego.

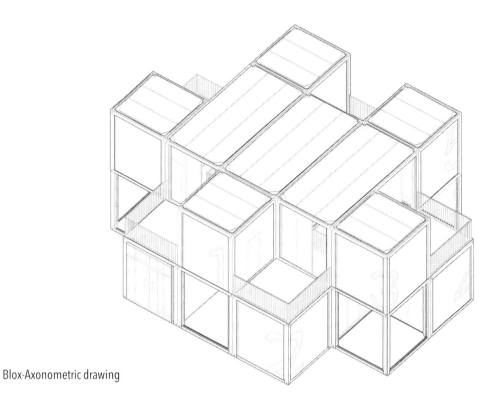

Blox-Axonometric drawing

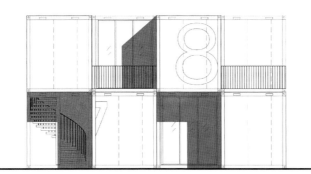

East elevation

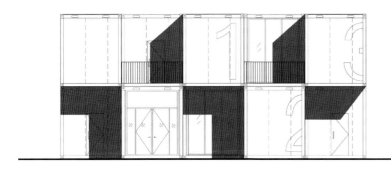

North elevation

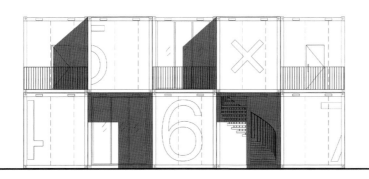

South elevation

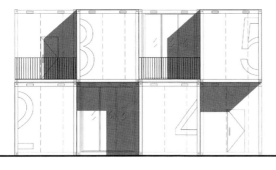

West elevation

Project group classroom unit

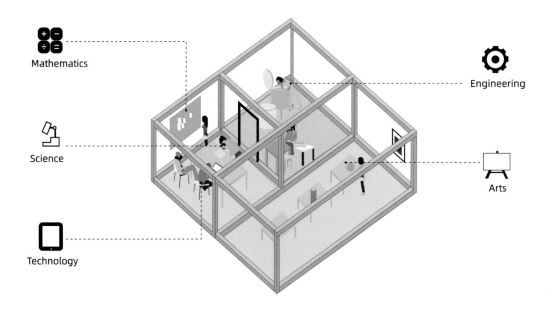

Mathematics

Science

Technology

Engineering

Arts

Project group classroom unit

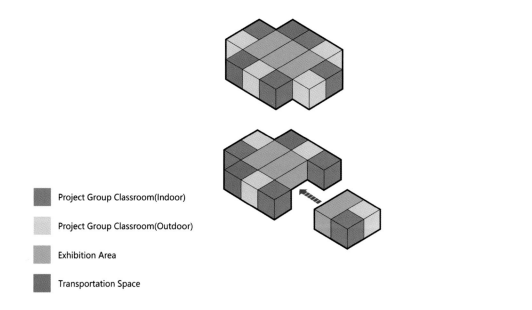

Project Group Classroom(Indoor)

Project Group Classroom(Outdoor)

Exhibition Area

Transportation Space

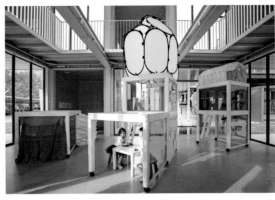

Ground floor plan

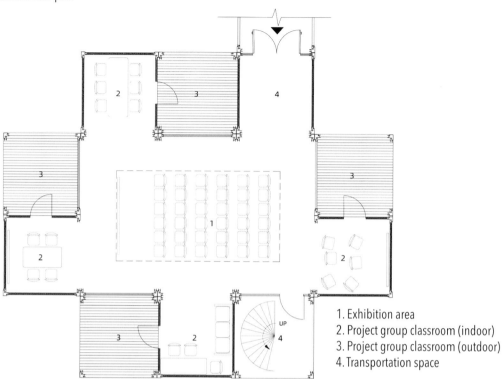

1. Exhibition area
2. Project group classroom (indoor)
3. Project group classroom (outdoor)
4. Transportation space

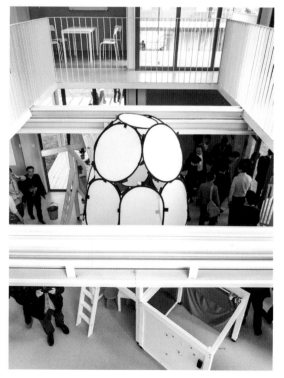

Second floor plan

2

1

3

1

1

2

2

1

2

3
DOWN

1. Project group classroom (indoor)
2. Project group classroom (outdoor)
3. Transportation space

1330 BROOK STREET

Architecture & Design **Studio 804** Contact **www. studio804.com**
Photographer **Corey Gaffer Photography** Location **Lawrence, KS USA** Construction area **120 m²**

1330 Brook Street house is the latest example of Studio 804's mission to build creative sustainable housing in established, but marginal urban neighborhoods. 1330 Brook Street is convenient to the vibrant cultural district of downtown Lawrence and to the public transportation system and the bike trails that link the town. It is less than a block from the East Lawrence Recreation Center which offers a wide variety of services and is across the street from Brook Creek Park and its open green spaces, playgrounds and large mature trees. It is a three bedroom, two bathroom, 1,300 square foot house that makes extensive use of salvaged material and minimizes energy consumption. Sixteen net metered solar panels on the roof provide up to 4.8 kilowatt-hours of power and will generate enough electricity to operate the house at net zero energy use over a calendar year. It was designed to be clearly contemporary while still fitting into its working-class surroundings of small, unassuming homes. Studio 804 has always been willing to build on brownfield and undesirable infill sites in urban neighborhoods. A vacant lot with a seemingly permanent for sale sign does not reflect well on the health and safety of a neighborhood and can curb property values and nearby development. Often these sites remain vacant because they come with a unique hurdle that requires extra effort to get a project started. In the past, we have built on an infill site with buried gas tanks as well as on top of what was once a landfill. The house on Brook Street was built on two small lots in the flood plain of Brook Creek. Since it is nearly impossible to get loans to buy - or to insure - a new house in a FEMA flood plain the previous owner had built up the property grade with compacted earth to create buildable ground above the flood plain. It sat empty for a long time as an odd looking, weed covered mound of dirt. We saw it as an opportunity. Since it cost less than a typical vacant lot in the established neighborhoods of Lawrence this would make it easier to target an innovative, LEED Platinum certified building that was still relatively affordable. The insulated metal panels that distinctively clad the house were rejects from the construction of a tennis center being built at the time on the western edge of Lawrence. The panels were perfectly functional but had been rejected due to an issue with the paint that we could resolve.

La casa de 1330 Brook Street es el ejemplo más reciente de la misión de Studio 804 de construir viviendas sostenibles creativas en vecindarios urbanos consolidados pero marginales. 1330 Brook Street resulta muy práctico para el vibrante distrito cultural del centro de Lawrence y para el sistema de transporte público y los senderos para bicicletas que conectan la ciudad. Está a menos de una calle del East Lawrence Recreation Center, que ofrece una amplia variedad de servicios y está al otro lado de la calle de Brook Creek Park y sus espacios verdes abiertos, áreas de juegos para niños y grandes árboles adultos.

Se trata de una casa de 1.300 pies cuadrados de tres dormitorios y dos baños que hace un uso extensivo del material recuperado y minimiza el consumo de energía. Sus dieciséis paneles solares de medición neta en el techo proporcionan hasta 4,8 kilovatios-hora de energía y generarán suficiente electricidad para operar la casa con un uso neto de energía cero durante un año natural. Fue diseñado para ser claramente contemporáneo sin dejar de encajar en su entorno de clase trabajadora de casas pequeñas y sin pretensiones. Studio 804 siempre ha estado dispuesto a construir terrenos baldíos y sitios de relleno indeseables en vecindarios urbanos. Un lote baldío con un letrero de venta aparentemente permanente no se refleja bien en la salud y la seguridad de un vecindario y puede frenar el valor de la propiedad y el desarrollo cercano. A menudo, estos sitios permanecen vacantes porque vienen con un obstáculo único que requiere un esfuerzo adicional para comenzar un proyecto. En el pasado, construimos en un sitio de relleno con tanques de gas enterrados, así como sobre lo que alguna vez fue un vertedero. La casa en Brook Street fue construida en dos lotes pequeños en la llanura aluvial de Brook Creek. Dado que es casi imposible obtener préstamos para comprar, o asegurar, una casa nueva en una llanura aluvial de FEMA, el propietario anterior había construido la propiedad con tierra compactada para crear un terreno edificable sobre la llanura aluvial. Este permaneció vacío durante mucho tiempo como un montículo de tierra de aspecto extraño, cubierto de maleza. Lo vimos como una oportunidad. Dado que cuesta menos que un lote baldío típico en los vecindarios establecidos de Lawrence, sería más fácil apuntar a un edificio innovador con certificación LEED Platino que aún fuera relativamente asequible. Los paneles de metal aislante que revistieron de manera distintiva la casa representaban desechos de la construcción de un centro de tenis que se estaba construyendo en ese momento en el borde occidental de Lawrence. Los paneles eran perfectamente funcionales, pero habían sido rechazados debido a un problema con la pintura que pudimos solucionar.

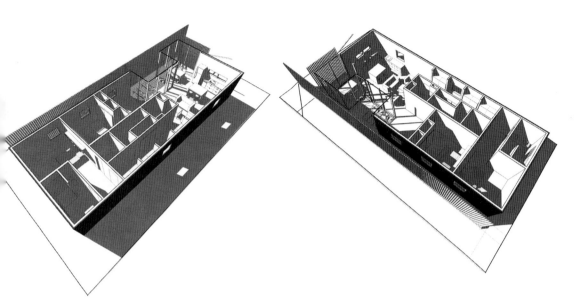

3D View - Plan perspective north   3D View - Plan perspective south

To minimize energy consumption the design uses passive strategies for lighting and to control heat gain and heat loss. The bedrooms, kitchen and living room are arranged along the south wall. At the south and west elevations, the roof extends over the outdoor walkway and patio spaces and is supported by custom made steel tube screens. The deep overhangs and the screens act to manage the amount of direct light that enters the house. They are designed to mitigate heat gain during the summer while still allowing daylight to enter. In the winter, the direct sun light can enter the house and warm the mass of the polished concrete floors. The north wall is highly insulated and has just the openings needed for cross ventilation and daylighting. It acts as a shield against the cold north winds to which the site is exposed.

Para minimizar el consumo de energía, el diseño utiliza estrategias pasivas para la iluminación y para controlar la ganancia y la pérdida de calor. Los dormitorios, la cocina y la sala de estar están dispuestos a lo largo del muro sur. En las elevaciones sur y oeste, el techo se extiende sobre la pasarela exterior y los espacios del patio y está sostenido por pantallas de tubo de acero hechas a medida. Los voladizos profundos y las pantallas gestionan la cantidad de luz directa que entra en la casa. Están diseñados para mitigar la ganancia de calor durante el verano y al mismo tiempo permitir la entrada de la luz del día. En invierno, la luz solar directa puede entrar en la casa y calentar la masa de los pisos de hormigón pulido. El muro norte está altamente aislado y tiene solo las aberturas necesarias para la ventilación cruzada y la iluminación natural. Actúa como un escudo contra los vientos fríos del norte a los que está expuesto el sitio.

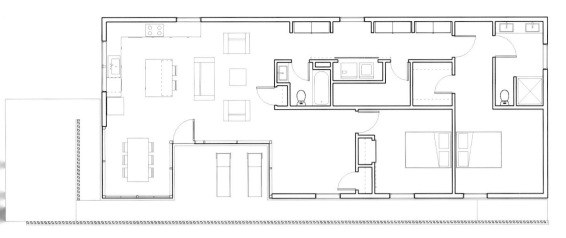

Floor plan

LAWRENCE COMMUNITY SHELTER

Architecture & Design **Studio 804** Contact **wwww. studio804.com**
Photographer **Dan Rockhill** Location **Lawrence, KS USA** Construction area **12,4 m²**

Monarch Village on the property of the Lawrence Community Shelter (LCS) is an innovative shelter solution that meets the needs of families experiencing homelessness in a rapidly changing world while supporting their transition to permanent housing. Homelessness is a public health crisis, apparent in its impact on both the psychological and physical wellness of individuals and communities. Across the nation, homeless shelters struggle with providing safe, trauma-informed environments for families and individuals in transition. Working through the heart of the COVID-19 pandemic Studio 804 donated and built 12 safe, easy to staff dwellings that offer much needed privacy for families while allowing guests access to important services at the shelter. It is hoped that this project will be a precedent supporting the movement away from housing the homeless in gymnasium-like rooms full of bunk beds.

Each tiny home is paired around a shared covered patio. They surround an existing community vegetable garden and future planting to support the migration of the monarch butterfly. A 900-square-foot, open-sided commons shelter is just north of the garden and acts as gathering space for those at the shelter. Each unit includes space for four people with two separate sleeping areas, a bunk bed in one and a pull-out sleeper couch in the other. In addition, each unit has a full bathroom and small kitchenette. One unit has been designed to be fully ADA accessible. All the furniture and cabinetry was designed and built by the students of Studio 804. The cafeteria in the main building serves meals to the entire shelter population using a farm to plate concept. The small kitchenettes are designed for supplemental food preparation and fresh water. Each unit is fully sprinklered to offer the highest standard in fire safety for the families.

Monarch Village en la propiedad de Lawrence Community Shelter (LCS) representa una solución de refugio innovadora que satisface las necesidades de las familias sin hogar en un mundo que cambia de manera constante mientras apoya su transición a una vivienda permanente. La falta de vivienda es una crisis de salud pública, evidente en su impacto tanto en el bienestar psicológico como físico de las personas y las comunidades. En todo el país, los refugios para personas sin hogar luchan por proporcionar entornos seguros y con información sobre traumas para familias e individuos en transición. Studio 840, que trabajó en el corazón de la pandemia de COVID-19, donó y construyó 12 viviendas seguras y fáciles de usar que ofrecen la privacidad que tanto necesitan las familias al mismo tiempo que permiten a los huéspedes acceder a servicios importantes en el refugio. Se espera que este proyecto sea un precedente que respalde el movimiento para dejar de alojar a las personas sin hogar en habitaciones tipo gimnasio llenas de literas.

Cada casa diminuta dispone de un patio cubierto compartido. Rodean una huerta comunitaria existente y plantaciones futuras para apoyar la migración de la mariposa monarca. Justo al norte del jardín hay refugio común abierto de 900 pies cuadrados que actúa como espacio de reunión para quienes se encuentran en el refugio. Cada unidad incluye espacio para cuatro personas con dos áreas separadas para dormir, una litera en una y un sofá cama extraíble en la otra. Además, cada unidad tiene un baño completo y una pequeña cocina. Una unidad ha sido diseñada para ser totalmente accesible según la ADA. Todos los muebles y gabinetes fueron concebidos y construidos por los estudiantes de Studio 804. La cafetería en el edificio principal sirve comidas a toda la población del refugio utilizando un concepto de la granja al plato. Las cocinas están diseñadas para preparar alimentos complementarios y agua fresca. Cada unidad cuenta con rociadores completos para ofrecer el más alto nivel de seguridad contra incendios para las familias.

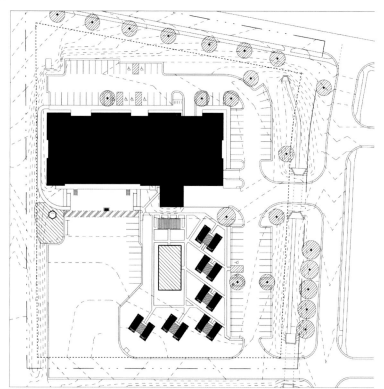

Site plan

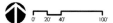

0' 20' 40' 100'

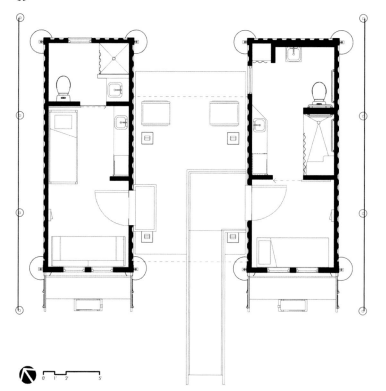

Floor plan

0' 1' 2' 5'

CONTAINER STACK PAVILION

Architecture & Design **Peoples-Architecture Office** Contact **www.peoples-architecture.com**
Principals **He Zhe, James Shen, Zang Feng** Project Team **Zhang Minghui, Amy Song, Zhang Zhen**
Client **Eastern Heights Real Estate Co. Ltd.** Photographer **People's Architecture Office**
Location **Dongshan, Taiyuan, Shanxi** Construction area **285 m²**

Shipping containers stacked and shifted in plan and layered in elevation maximize rooftop views and shaded public areas on the ground at the Container Stack Pavilion. A 7.5 meter cantilevered box is the point of entrance to the building's upper level roof, while the pavilion itself seems to extend out toward bordering streets, showcasing its interior activities. The ends of each container are capped with full height windows, allowing sightlines throughout the entire building. Inside, a double height central atrium is carved out where the two levels of shipping containers overlap. The Container Stack Pavilion is a temporary structure that can be disassembled and moved to other locations.

Los contenedores de transporte apilados y desplazados en el plano y en capas en elevación maximizan las vistas de la azotea y las áreas públicas sombreadas en el suelo en el Container Stack Pavilion. Una caja en voladizo de 7,5 metros es el punto de entrada al techo del nivel superior del edificio, mientras que el pabellón mismo parece extenderse hacia las calles aledañas, mostrando sus actividades interiores. Los extremos de cada contenedor están tapados con ventanas de altura completa, lo que permite la visibilidad en todo el edificio. En el interior, se excava un atrio central de doble altura donde se superponen los dos niveles de contenedores de envío. El Container Stack Pavilion es una estructura temporal que se puede desarmar y trasladar a otros lugares.

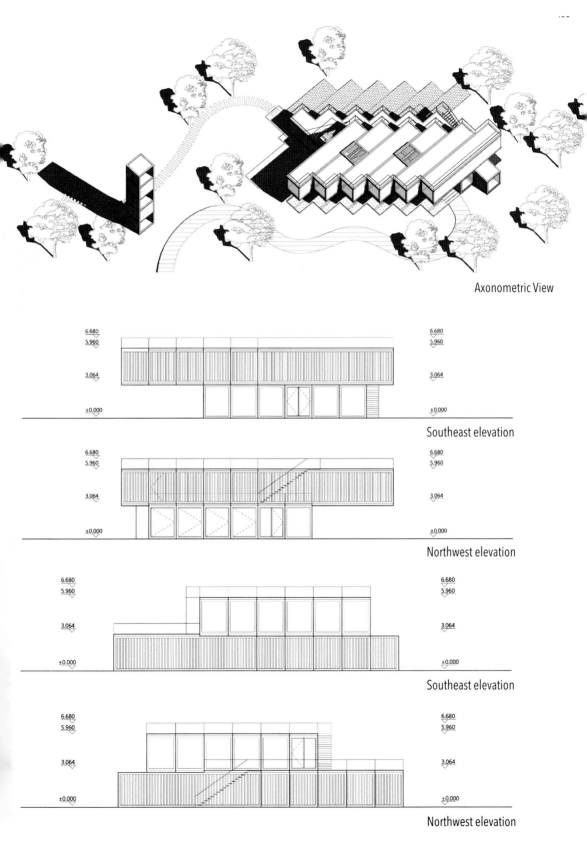

Axonometric View

6.680
5.960

3.064

±0.000

6.680
5.960

3.064

±0.000

Southeast elevation

6.680
5.960

3.064

±0.000

6.680
5.960

3.064

±0.000

Northwest elevation

6.680
5.960

3.064

±0.000

6.680
5.960

3.064

±0.000

Southeast elevation

6.680
5.960

3.064

±0.000

6.680
5.960

3.064

±0.000

Northwest elevation

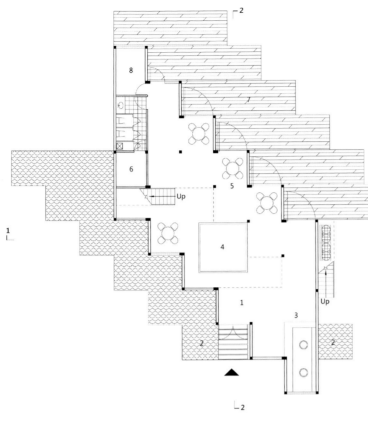

1st Floor plan

1. Entrance
2. Pool
3. Reception
4. Presentation model
5. Consultation
6. Storage
7. Platform
8. Office

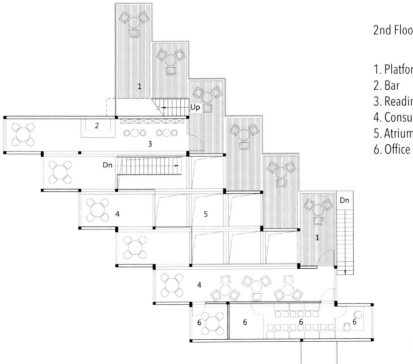

2nd Floor plan

1. Platform
2. Bar
3. Reading corner
4. Consultation
5. Atrium
6. Office